AF227350

SYSTÈME NATIONAL

ET

SYSTÈME SOCIAL.

SYSTÈME NATIONAL ET SYSTÈME SOCIAL.

UNIVERS ET HUMANITÉ.

—

> *Liberté* et *bien-être* de tous pour le progrès des peuples.
>
> Toutes les fois que la société se mêle des croyances individuelles, elle pèse sur chacun de ses membres par la plus affreuse des tyrannies.
>
> Les souffrances d'un seul homme retombent sur tout le corps social.

1° PROGRÈS RELIGIEUX ET POLITIQUE DES SOCIÉTÉS MODERNES ; — SYSTÈME NATIONAL ET SYSTÈME SOCIAL.

L'ancienne civilisation, affaiblie par sa durée, sapée par l'extension qu'avaient acquise parmi les masses les doctrines réunies sous le drapeau du christianisme, écrasée par la transmigration et le mélange des peuples européens, était tombée en poussière, et aussitôt le travail éternel reprit son ouvrage au sein de la société renouvelée, travail lent, mais tenace, irrésistible, de modification continue et de progrès vers cette *unité sociale*, qui est le but de l'existence des peuples et des nations, le point de départ d'un perfectionnement supérieur, le grand échelon pour arriver à la réalisation du *type idéal* de l'humanité.

Le moyen âge et le règne de la monarchie en Europe, inspirés par le dualisme religieux et politique, ont vécu du développement des formules chrétienne et monarchique.

Cependant les siècles s'écoulaient, l'humanité avançait dans le cours irrésistible de sa carrière rapide ; les formules, — expression complexe des temps qui ont été,—vieillissaient et ne suffisaient plus à traduire dans les faits l'idée de l'époque. Le principe de la vie, qui s'était retiré de la papauté et des princes, venait chercher une nouvelle nourriture parmi les multitudes encore vierges et qui ne se sentaient pas encore. Le dix-huitième siècle avait débarrassé le chemin des ronces et des épines du despotisme religieux et politique, et la pensée de quelques élus, devançant la marche des nations, perçait à travers les ténèbres vers l'avenir du *vrai*.

C'est au peuple français qu'échut en ce temps l'honneur de l'initiative dans cette nouvelle étape de la civilisation européenne. Il était parvenu, le premier, à l'unité nationale, qui a été le seul but raisonnable et le dernier terme de la forme monarchique. Un grand mouvement s'opéra alors dans ses entrailles. Son caractère fut d'abord principalement *social* et politique ; mais bientôt la révolution, attaquée par l'ensemble des intérêts hostiles et conjurés, se transforma nécessairement en lutte, la pensée de l'avenir en fut presque étouffée dans son germe, et le mouvement, n'étant plus dirigé par l'idée, devenu par la force des choses exclusivement politique et *national*, put être confisqué par celui qui représentait l'unité particulière du peuple initiateur. Ce fut un exemple remarquable des déviations auxquelles un principe erroné doit toujours inévitablement nous conduire : la nationalité, qui n'est qu'un *moyen* pour parvenir au développement de l'unité sociale de tous les peuples, a été proclamée comme *but ;* la nation française, oubliant les lois de l'égalité, s'appela *grande*, et la révolution, commencée au nom de la liberté et du progrès social, finit par accepter la conquête, — ce droit d'un autre temps, — et elle ne servit plus que de marchepied au trône sanglant d'un soldat victorieux.

Vingt-cinq années de guerre ont en apparence effacé du sol de la France le travail de deux siècles. Le progrès avait trop vite atteint un haut degré de perfection sur un point isolé de la terre ; il avait été absorbé par la pensée nationale. Les autres peuples, éblouis par tant de lumière soudaine, blessés dans leur propre indépendance, vinrent l'étouffer. Les prêtres et les rois, réunis dès lors dans un seul principe, celui du *mal*, s'applaudirent de ce fait..... Les malheureux ! qui ne s'apercevaient point que le feu sacré avait atteint jusqu'aux plus fidèles parmi leurs serviteurs !

Le mouvement, réprimé sur ce point, gagna bientôt en étendue tout ce qu'il avait perdu en profondeur. Les maîtres de la terre avaient compris le pouvoir de l'idée nationale ; ils s'en étaient même servis un instant ; ils savaient parfaitement que le jour où tous les peuples parviendraient à la réaliser, leur mission deviendrait inutile.

Ils songèrent à empêcher ce résultat. Le congrès de Vienne ne fut que la consécration de cette pensée sacrilége; la liberté ayant été partout enchaînée, l'on s'est partagé les peuples suivant les convenances d'une politique de mort, et le principe religieux lui-même, — allégorie prophétique des destinées futures, — qui, dans l'origine, avait été le principe du *bien*, offert comme guide et comme tuteur à l'humanité encore imparfaite et travaillée par les ambitions individuelles, changeant de nature, appuya la tyrannie de ses bénédictions.

L'unité dans l'Etat et l'émancipation religieuse par le triomphe de la raison avec Voltaire, et par la divinité spiritualisée de Jean-Jacques, avaient conduit la France vers le progrès social. Du moment où toutes les nationalités de l'Europe se trouvaient foulées aux pieds par la ligue des princes et de l'Eglise, l'idée nationale et le déïsme, premiers produits de la raison froissée dans son développement, devinrent les moyens nécessaires pour atteindre la possibilité de relever le char momentanément embourbé du progrès. Bientôt le mot d'ordre de tous les peuples européens a été de marcher à la conquête d'une *patrie* grande et libre, et de déchirer les liens dont ils avaient été enveloppés par les vieilles formules d'une théologie putréfiée, afin de s'ouvrir un passage pour pénétrer dans les secrets de l'arbre de la science. Dès ce moment, la réaction contre les traités de 1815 devint générale.

1830 avait promis la réalisation du *système national;* le mouvement, escamoté encore une fois, en France, par une faction, fut, il est vrai, réprimé à la surface; mais il n'en continua pas moins à ronger de toutes parts les bases de l'édifice artificiel élevé par la diplomatie sur le cadavre du dernier des conquérans. Le principe révolutionnaire qui, dans cette période, se manifestait généralement sous la forme nationale et déiste, manié habilement et faussé par l'école romantique et mystique, qui avait surgi en France et en Italie au temps de la restauration légitimiste, sembla se rapprocher du christianisme, alors qu'un pape, qu'on aurait dit exceptionnel, était parvenu à subjuguer non-seulement la foule entraînée par la tradition, mais même plusieurs parmi les meilleurs esprits.

En 1848, la révolution a été sur le point de triompher sur toute la surface de l'Europe; le mouvement, dont le caractère était principalement politique, national et déiste, porta en France, au pouvoir, le parti qui se trouvait à la tête du progrès politique, le parti républicain pur, le même qui avait combattu sur les barricades de 1830.

Mais à peine une révolution s'est-elle accomplie, que déjà il s'en prépare une nouvelle; c'est la loi impérissable du progrès. Pendant que l'espoir de l'avénement du système national agitait les masses,

l'idée sociale n'avait été le partage que de quelques êtres privilé-
giés ; elle était restée renfermée dans quelques écrits dictés par l'esprit prophétique. Le triomphe récent de la République permettait à
cette idée d'entrer ouvertement dans le champ de la discussion. Si
les républicains de 1830 avaient compris leur mission, le système
national et déiste, établi dans toute l'Europe, dominerait à présent
incontesté ; et son règne, vivifié par le développement progressif
des théories humanitaires, aurait marqué une longue ère de tran-
sition pacifique et heureuse vers une fédération plus intime, et vers
cette réunion à laquelle aspirent les peuples.

Mais, ces hommes, arrivés inopinément au gouvernement, suc-
combèrent, épuisés qu'ils étaient par le poids de dix-huit années
d'opposition stérile. Le système national, vaincu en France par la
réaction en 1848, battu, par suite de l'excès même de son intensité,
dans le reste de l'Europe, puni de ses fautes par les défaites et par
le massacre de milliers de martyrs, trahi lâchement par l'Eglise, à
laquelle il avait tendu fraternellement la main, se montra in-
capable d'amener par lui-même l'émancipation de l'humanité.
Il a été clair pour tout le monde que la nationalité ne pouvait être
qu'un moyen, un échelon secondaire dans la route immense du
progrès social. Le système national, qui en avait fait un but, porta
avant le temps la peine de son orgueil. Il pourra encore servir,
dans la pratique, à la lutte contre l'oppression locale des baïonnet-
tes étrangères ; il a cessé d'être l'espoir des peuples.

Dès ce moment l'*idée humanitaire*, large, incommensurable, rem-
plit les esprits des nations initiatrices. Les races les plus diverses se
rapprochent, comme poussées par un pouvoir surnaturel. Le *dualisme* politique et religieux, cet équilibre instable d'une société imparfaite, qui était l'emblème nécessaire, dans le système national,
de la double mission d'un peuple et de l'ensemble des peuples, ren-
tre peu à peu dans la simplicité de la nature *une ;* il disparaîtra dé-
finitivement, par le cours des temps, dans la fusion intime et har-
monique de l'humanité organisée et identifiée, de par la science,
avec les lois éternelles qui régissent l'univers. La France et l'Allemagne s'avancent à grands pas, dans cette voie, sous la pression
éphémère d'un pouvoir qui se meurt. A peine leur sera-t-il donné
de respirer ; l'Italie et les autres peuples de l'Europe marchant
joyeusement à la conquête :

« De la patrie pour l'humanité (1), »

les suivront ; et le souffle de la vie nouvelle ne s'arrêtera point
jusqu'à ce que, peu à peu, comme les cercles de la vague ébran-

(1) J. Mazzini ; lettre au rédacteur de l'*Alliance des peuples.*

lée, il se communique aux pays les plus lointains, et pénètre jusqu'aux tribus les plus sauvages et aux adorateurs les plus obstinés de l'idole du passé.

L'humanité, — fille et partie de ce qui existe, — alliée et dépendante, par échange continuel, de la matière universelle, — s'était appliquée jusqu'à ce jour, par une noble aberration, à combattre son aspiration naturelle, invincible et toujours renaissante vers le bien-être quotidien. Mais les leçons du malheur commencent à peser dans la balance de ses jugemens ; depuis trop longtemps elle a été opprimée au nom de la *supériorité de l'esprit* et des doctrines *d'autorité* et *d'abnégation* qui ont achevé de lui enlever l'héritage du bien paternel ; elle a fini par comprendre qu'autant que chacun de ses membres ne participera point, également et de par son propre droit, au banquet journalier de la nature bienfaisante, il n'y aura pour elle aucune possibilité de progrès collectif. Le mouvement européen a quitté les voies étroites du *système national et politique*, et déjà il domine les transactions de la *pensée déiste*, la dernière et la plus pure dérivation du dualisme religieux. — Ce mouvement est désormais décidément *social* et *philosophique*.

2° CONDUITE TENUE PAR RAPPORT AU SYSTÈME NATIONAL, ET A TENIR
VIS-A-VIS DU SYSTÈME SOCIAL.

Se placer par ses vœux à la limite extrême de ce qui est théoriquement possible dans une époque donnée ; modérer sa marche suivant les circonstances et le milieu ambiant ; savoir suivre, parfois, même la voie la plus longue, *sans perdre jamais de vue le but* qu'on s'est proposé, telle est constamment la conduite indiquée à l'homme qui veut le progrès et qui aime l'action.

Pendant les dix-huit années du dernier régime, les espérances générales reposaient dans l'avénement de la forme républicaine et du système national. On ne pouvait aller plus loin ; c'était la limite du possible théorique, assignée aux efforts pratiques de cette époque. La formation de groupes nationaux, républicains et alliés entre eux, conformément aux besoins, à la nature et au caractère des peuples, et d'après les préceptes de la politique d'équilibre et les conditions oro et hydrographiques des régions par eux habitées ; le développement d'une civilisation propre à chaque groupe national ; l'établissement de la liberté et de la paix parmi les grandes nations et la protection de leur indépendance par le moyen d'états intermédiaires, de frontières naturelles, de points fortifiés, d'un système militaire avec de petites armées permanentes, mais étendu à toute la population, formidable pour la défense, sans force pour la conquête ; et, comme clef de voûte, l'alliance des peuples

européens, indice et acheminement vers leur fraternité future ; tels
étaient les moyens que tout homme agissant devait se proposer
d'obtenir pour la réalisation des vœux du siècle.

Telles étaient également les pensées qui occupaient mon esprit,
dans les courts momens de trève qui m'étaient laissés par le
travail de tous les jours et par l'étude des faits, jusqu'au com-
mencement de l'année 1846. Eloigné que j'étais de l'action, je
pouvais alors me laisser aller librement à la volupté de l'idée et
des espérances. Entré plus tard dans l'activité des affaires, la raison des faits me força plus d'une fois à faire taire mes désirs ; à
ne pas indiquer ou à garder en réserve le but, afin d'y arriver plus
sûrement ; à suivre souvent un chemin momentanément indirect,
le plus court étant rempli de décombres et d'ennemis.

La pensée nationale était le seul degré du progrès qui, même
théoriquement, fût possible pour le moment ; afin de pouvoir en
effectuer le développement, il fallait devenir nation à tout prix ;
dans ce cycle d'idées, il n'y avait pas d'autre voie ; quoiqu'elle fût
tortueuse et longue, il fallait forcément la suivre. C'est pourquoi,
vers la fin de 1847, j'ai été porté à croire à l'utilité temporaire
des réformes, comme quelque temps après à celle de l'ambition
d'un prince ou d'un pape ; et pendant qu'en avril et en mai 1848,
je pliais devant le sentiment national qui tenait à honneur de res-
susciter l'Italie sans l'aide de l'étranger ; en juin et en juillet de la
même année, j'en vins à demander, à grands cris, qu'on appelât
les secours de la France, — et il était encore temps alors ; — puis
en octobre, l'Europe étant ébranlée par les événemens de Vienne,
je conseillais l'insurrection armée de tout le peuple italien, et,
lorsque tout espoir fut déçu, je me serais contenté momentanément des transactions pacifiques proposées à Bruxelles. Ainsi,
après avoir songé théoriquement à la réalisation et au développement complet du système national, depuis mon entrée dans le
mouvement actif, j'ai été successivement porté à adopter, comme
moyens temporaires, pour l'émancipation de l'Italie : en premier
lieu, l'idée d'une alliance des princes italiens ; ensuite, le projet
d'un royaume longobard, puis la fédération républicaine de l'Italie
rêvée sous les auspices de Pie IX et de la République française ;
plus tard, celle d'une insurrection italienne spontanée, enfin la fédération de six états constitutionnels sous la protection de l'Europe, résultat très-mesquin et le dernier qu'on pût obtenir par les
ressorts de ce système, mais dont les suites pouvaient être assez
fécondes comme préparation pour l'avenir.

J'ai continué, dans cette voie, tant que j'ai eu de l'espoir. Mais
la réaction européenne n'a laissé aucun refuge à l'*idée nationale*.
Le 10 décembre 1848, — triste effet des habitudes contractées

dans les anciennes croyances, — fit tomber toutes les illusions et
força les peuples, avertis du danger, à élargir le champ des idées
et à en précipiter la marche. Le système national étant tombé, dans
la plus grande partie de l'Europe, avant de pouvoir se développer,
l'initiative, qui auparavant se concentrait dans l'un ou dans l'autre peuple, appartient désormais à l'ensemble des hommes d'avenir. L'*idée nationale*, — substitution du *vrai* aux formules allégo-
riques, de la pensée de l'humanité à celle d'une partie de l'humanité — purifiée des systèmes hasardeux qui l'avaient défigurée
lors de sa naissance, s'empara du mouvement, et les nations de la
terre y sont transportées comme dans un tourbillon. Elle envahit
la France, l'Allemagne et la Scandinavie; les peuples slaves et l'Italie la saluent déjà comme le nouveau Messie de l'opprimé; l'Amé-
rique elle-même et l'individualisme anglais commencent à en sen-
tir les effets. Aujourd'hui toute hésitation serait fatale, le dualisme
religieux et politique ont accompli leur mission, le principe national ne peut plus exister que comme élément dans l'organisation
prochaine du grand ensemble des sociétés. — La nation, — famille
de l'humanité, — s'inspire de sa pensée; elle la développe et la
façonne suivant ses propres tendances, et la renvoie au corps social pour en retirer un aliment nouveau et parfait. — Circulation
merveilleuse de l'esprit de la nature qui rapproche et assimile
toutes les parties du genre humain, et ouvre pour toutes le trésor
des lumières, jusqu'à ce que, dans l'écoulement des siècles, il en
résulte cette union intime de l'humanité, pouvant seule, dans
l'accomplissement de sa perfection progressive, donner la vie à
l'espoir des peuples, à l'*Homme-Dieu*, en possession de la plénitude
du savoir, qui se transformera et s'incorporera dans l'univers sans
fin, pour la réalisation infinie du progrès.

Le malheur d'un moment est aujourd'hui le gage de la victoire.
Car l'ère nouvelle de l'amour et du progrès, l'humanité la datera
de ce jour où, par suite du triomphe d'un mythe improvisé et sans
avenir, la République gouvernementale est tombée en France, et de
celui où, après le succès d'une réaction effrénée et révolutionnaire
dans le reste de l'Europe, les peuples épuisés laissèrent tomber les
armes qu'ils avaient prises pour la défense d'une race ou d'une dy-
nastie. Depuis cette époque, la limite de ce qui est théoriquement
possible a dépassé d'un bond les frontières étroites de la pensée
nationale, et l'horizon, libre des nuages qui l'obscurcissaient, lais-
sera entrevoir, dans le lointain, les ruines d'un monde sur lequel,
dans le cours fatal des temps, le grand fleuve de l'idée se déroule
majestueux et toujours croissant comme une coulée de lave irrésistible et incandescente. — La limite théorique du progrès ac-
tuellement possible est, pour l'intérieur, la libre constitution de

chacune des trois grandes nations de l'Europe moyenne, par des liens sociaux qui permettent le plus complet développement de tous les membres, et, par conséquent, du groupe national tout entier, et par une forme de régiment indivise du peuple et, comme la pensée du peuple, progressive et perfectible, tous les jours et à tous les instants (1). L'alliance intime de ces trois grandes nations en un noyau, embryon du groupe européen, s'appuyant sur l'avenir de cette démocratie américaine qui sillonne de ses vaisseaux les deux hémisphères, marchant à la tête de la civilisation et debout contre la tyrannie des czars et le vampire insulaire, rayonnant de toute la force de son expansion sur les races espagnoles, grecques, slaves et scandinaves, est désormais cette même limite dans le champ des relations internationales (2).

Atteindre le but de l'époque, cette double limite du possible théorique actuel, dans toute son étendue, doit être le point le ralliement pour nos efforts communs. La doctrine sublime de secours mutuel, la SOLIDARITÉ DES PEUPLES, consacrée par ce sang des martyrs dans les cachots et sur l'échafaud, est le chemin qui doit nous y conduire. Toute secousse partant de l'une des trois nations, réagit désormais inévitablement sur les deux autres, et, par suite, sur les peuples qui les entourent ; tout mouvement, qui ne serait fait que dans un but étroitement national et égoïste, est donc un crime vis-à-vis de l'humanité, il est frappé d'impuissance, condamné d'avance à l'insuccès et à servir de marchepied à l'ennemi ; toute grande initiative, prise pour le bien commun, par l'une des nations, et qui ne serait point secondée promptement et appuyée par les autres, doit tomber immanquablement d'inanition ; mais alors..... malheur aux peuples assez lâches pour abandonner leurs

(1) Nous engageons vivement nos lecteurs à voir le travail de M. T. Thoré, qui a paru sous le titre :

De la liberté (Bruxelles 1850).

Quelles que soient les imperfections, inévitables en pareille matière, qu'on ait à reprocher au système de l'auteur, on peut regarder sans contestation ce travail comme le premier essai pratique pour réunir et appliquer, à la vie journalière et intérieure des nations, les différentes théories sociales émises par les penseurs.

(2) Nous espérons voir paraître prochainement le travail développé et très-savant sur la question internationale, que M. N. Sasonoff a promis de livrer au public. Ce démocrate russe, en venant apporter au fonds commun l'appui de son talent et de son immense érudition, accélérera le moment où, les peuples ayant conquis leur patrie européenne, on ne se demandera plus à quelle nation l'on appartient, mais si on fait quelque chose pour la régénération de l'humanité.

frères dans la détresse, car ils seront, eux aussi, à leur tour, bientôt brisés par les despotes alliés, et leur nom, voué à l'esclavage, sera effacé de la carte des nations.

C'est là la triste expérience de ces deux dernières années. Vienne et Francfort ont applaudi aux victoires de Radetzki, et Vienne et Francfort sont tombées sous le joug de l'absolutisme. La Hongrie de 1848 n'a point rappelé ses enfans de la guerre italienne, elle a hésité à secourir Vienne, et quelques mois après la Hongrie était foulée aux pieds et saccagée par l'Autriche et par la Russie. Les voix albertistes de l'Italie ont crié : *l'Italia farà da se* ; les Italiens n'ont point voulu des secours de la France, et les lieutenans de l'empereur ont pu de nouveau promener leur ignoble bâton d'un bout à l'autre de la Péninsule. Naples n'a pas su se détacher du Bourbon, et le Bourbon a dépeuplé ses états pour peupler les prisons. L'aristocratie Sicilienne, en ne proclamant point la République italienne, a mis, elle aussi, dans la bouche de la vieille Trinacria ce blasphème : *Je ferai pour moi seule et par moi seule*, et le bruit de ses volcans a été couvert par les gémissemens de ses enfans, et leur feu a pâli devant la lueur de ses villes incendiées. La France, enfin, oubliant sa mission parmi les peuples, a abandonné l'Italie et l'Allemagne à leurs bourreaux, et le nom de la France est devenu presque la risée des nations, et, à l'heure qu'il est, les lois qui la régissent sont dictées de Sans-Souci, de Schœnbrunn, de la Newa (1). Aussi, au jour de la délivrance, nous nous rappellerons nos malheurs et nos fautes, et les peuples, réunis dans une sainte fraternité de défense et d'efforts vers l'avenir, déclareront traître à la patrie et à l'humanité quiconque ne viendra point en aide à ses frères, comme quiconque en refusera le secours. Alors, rejetant au loin les maximes du prétendu équilibre européen, — instable comme tout édifice qui n'est pas fondé sur une base unique et puissante, incompatible avec le système social, et qui ne ferait que faire revivre le dualisme dans la politique des peuples, — les nations de l'Europe centrale, groupées autour d'un même drapeau, mettront leurs moyens en commun pour la lutte sainte, et hâteront le moment où les débris des bastilles féodales feront écho, sur les bords du vieux Rhin teutonique, à la voix pacifique et suprême du congrès des élus qui réglera les intérêts généraux de la vaste fédération, et où les eaux du Nord et du Midi se réunissant, avec les voies ferrées, sur les fondemens mis à jour des Alpes et de l'Apennin, centupleront cette circulation féconde et abondante de la vie sociale et réciproque qui étendra ses bienfaits des steppes de la Moscovie à l'Atlantique, du Sahara brûlant au cercle polaire.

(1) La loi contre le suffrage universel.

Taire ses propres convictions, suivre encore un chemin tortueux, ce serait un crime aujourd'hui. Nous avons fait opposition aux gouvernemens et aux idées anciennes : il suffisait d'avoir de l'ambition. Il s'agit aujourd'hui de soutenir ouvertement l'idée à venir : tâche rude et difficile qui nous exposera à la calomnie de nos ennemis, et peut-être à l'isolement et à l'abandon même de ceux à côté desquels nous avons combattu ; il faut désormais de la pensée et de la foi. Peu importe qu'on ait à attendre plus ou moins longtemps, que la persécution soit plus ou moins continuée, pourvu seulement que la victoire soit irrévocable. Toute transaction doit être éloignée de nous ; nous ne vivons que pour la lutte et pour la réorganisation. C'est pourquoi, en tant que cela ne risque point de faire de nouvelles victimes, je ne craindrai pas de soulever le voile, toujours pénible à déchirer, de l'action privée ou diplomatique. J'ai cru, moi aussi, beaucoup trop aux hommes et aux choses. Que mon aveu et le récit de mes erremens puisse servir de guide à tous ceux qui seraient tentés de se jeter dans la même voie. C'est dans cet espoir que j'écris ; je ne le ferais pas sans cet espoir.

Nous avons tous été victimes de nos illusions. D'illusion en illusion, l'homme se traîne à travers le sentier pénible de son existence, et, lorsqu'il a appris à connaître ses semblables et soi-même, lorsqu'il est bien convaincu de l'horrible réalité qui l'entoure, lorsqu'un vague sentiment de devoir le retient seul en cette vie, comme le médecin au milieu d'un camp de pestiférés, alors, malheur à lui, si un rayon de la science éternelle ne vient point le ranimer, lui rappeler l'avenir impérissable de la nature ! Hélas ! elles nous sont si chères, nos illusions ! Il est si doux d'avoir foi dans les amis, dans les hommes !..... Devons-nous nous étonner, après cela, si nous sommes tombés souvent dans la fausse route pour n'aboutir qu'à des impasses? Nous en plaindrions-nous? Oublierions-nous le bonheur que nous avons eu de croire et d'agir, l'expérience et le désenchantement que nous en avons acquis ?..... Autant vaudrait se plaindre d'avoir vécu. Est-ce qu'il ne faut pas mourir à ce qui existe avant que d'être dignes de l'avenir ?

Mais enfin nous l'entrevoyons, cet avenir, il s'ouvre le chemin devant nous, éclairant les voies comme la colonne du désert, saint comme l'humanité, infini comme le bonheur, immense comme l'espace. Le terrain sera bientôt déblayé des ruines de l'ancien monde et de la révolution. A l'œuvre donc, frères! A l'œuvre, la charrue à la main, l'épée au côté, et le sillon du laboureur s'étendra jusqu'aux contrées les plus éloignées, et ses champs seront fécondés jusqu'au sommet des plus hautes montagnes. Et lorsque notre individualité, non éteinte, mais absorbée par l'amour inépuisable, et incarnée dans l'univers aura disparu de cette terre, que nos enfans viennent nous relever, et que l'écho de leurs travaux et de leur bonheur passe aux races futures et aux générations de leurs générations.

Genève, ce 24 juin 1850.

Louis FRAPOLLI,

Ancien envoyé de la République
Romaine à Paris.